UN REGALO PARA:

DE:

_____

FECHA:

_____

© 2023 Editorial Unilit
8167 North West 84 Street
Medley, FL 33166

Primera edición 2023

Publicado por Editorial Unilit, un sello de
Spanish House Ministries
© 2023 por Editorial Unilit

Texto: Nancy Pineda
Ilustraciones: Mercy Ways Studios
www.mercyways.com

Producto: *493823*
ISBN: *0-7899-2650-4 / 978-0-7899-2650-0*

Categoría: Niños / Historias bíblicas
Category: Children / Bible Storybook

Impreso en Colombia
Printed in Colombia

BIBLIA UNILIT para PEQUEÑITOS

Unilit
PUBLICAMOS PARA CAMBIAR VIDAS

CONTENIDO

ANTIGUO TESTAMENTO

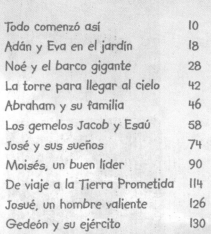

Nuevo Testamento

TODO COMENZÓ ASÍ

Cuando Dios empezó a crearlo
todo, no había personas.
Tampoco existían la luz ni los
animales.

No había nada.

Entonces, Dios dijo:
«¡Quiero que haya luz!».

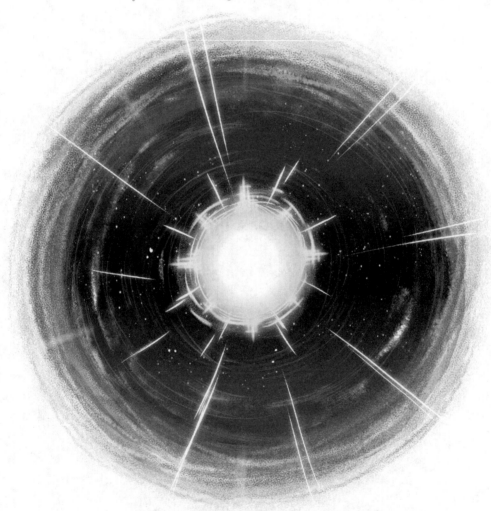

Así que **al instante hubo luz** de día que separó la noche.
Y ese fue el primer día.

Después, Dios juntó las **aguas en el mar
y las nubes en el cielo.**

Y ese fue el segundo día.

Luego, al juntar las aguas,
Dios creó
**la tierra seca. Y los árboles.
Y las plantas.**

Ese fue el tercer día.

En el cuarto día,
Dios hizo grandes
luces en el cielo:

Puso **el sol**
para verse en
el día,

y **la luna**
y **las estrellas**
en la noche.

Al día siguiente, Dios ordenó:
«Que el mar se llene de peces y el cielo de aves».
Ese fue el quinto día.

En el sexto día,

Dios hizo toda clase
de animales
y también **creó...**

al primer hombre,

ADÁN.

Dios miró la belleza de su creación y **todo era muy bueno**.

Al final,
¡Dios descansó en el séptimo día!

ADÁN y EVA

en el jardín

Adán vivía en un hermoso jardín llamado **Edén**, y allí él les puso nombre a todos los animales.
¡Se divirtió muchísimo!

Aun así, **Adán** estaba
solo.
Por eso **Dios** le hizo
también una mujer que
Adán llamó

EVA.

«Usen el jardín»,
le dijo Dios a Adán.
«Pero nunca coman el
fruto del árbol que está
en medio del jardín».

Un día, **una serpiente**
se le acercó a Eva.

**«¿Por qué no
pruebas esa
fruta que
parece tan
deliciosa?».**

**«Dios nos dijo
que no la
comiéramos»**,
respondió **Eva**.

Aun así,
sin pensarlo mucho,
Eva le dio una mordida a la fruta.

Después, le dio también
a **Adán** que estaba a su lado.

Como **Adán** y **Eva** no obedecieron a **Dios**,
Él los sacó del bello jardín.

Al final, **ellos se arrepintieron**
y se sintieron muy tristes.

(Abel)

(Adán)　(Eva)　(Set)　(Caín)

Adán y Eva tuvieron muchos hijos e hijas,
que después tuvieron hijos e hijas también.

Pronto, la tierra se llenó de personas.
Sin embargo, en lo único que pensaban
era en hacer lo malo.
Dios se puso muy triste y dijo:

«¡Voy a acabar con toda esta gente
y con todos los animales!».

NOÉ
y el barco gigante

Entonces, Dios se fijó que había un buen hombre
que se portaba muy bien. Se llamaba **Noé**.

Dios le dijo a Noé:

«Construye un barco bien grande...
un barco tan enorme como nadie
lo haya visto nunca».

Mientras Noé construía el barco,
llamado arca, les enseñaba a sus amigos
a hacer el bien para que se salvaran.

Pero ellos se burlaban.

Aun así, **Noé siguió
construyendo.**
Al terminar, Dios le dijo:
«Llévate una pareja de
animales de cada tipo».

Entonces, **Noé** llevó a
su familia y a
los animales
adentro del arca.
Y Dios cerró la puerta.

A los siete días,
empezó a llover.

¡La lluvia cayó y cubrió la tierra!
Pronto el arca flotaba sobre el agua.

Sin embargo, todos estaban

36

sanos y salvos en el arca.

Al fin, **dejó de llover** y el agua empezo a
bajar otra vez. Noé soltó una paloma
para que buscara tierra seca.

Pero la palomita volvió, pues solo
encontraba agua.
Noé envió la paloma de nuevo.

Esta vez regresó con una ramita.
Al verla, **¡Noé supo que la paloma había
encontrado tierra seca!**

El arca se detuvo sobre las montañas.

Noé, su familia y todos los animales salieron del arca.

Después,
Dios puso un arcoíris en el cielo.
Él le prometió a Noé que nunca más
llenaría la tierra de agua.

LA TORRE

para llegar al cielo

Los hombres comenzaron a **construir una torre** muy alta.

Entonces, dijeron: «Hagamos una ciudad con una torre que llegue hasta el cielo».

Cuando **Dios** escuchó esto, se enojó mucho.
Así que dijo:
«Lo mejor que haremos es bajar a
confundir su idioma».
¡Por eso nadie entendía lo que decían los demás!

Es más, **por mucho que se esforzaban** por terminar la torre, **no podían hacerlo,** pues todos hablaban distintos idiomas. **Nadie sabía lo que tenía que hacer.**

A esta torre se le llamó **Babel**,
que significa **«confusión»**.

ABRAHAM

y su familia

En la región de Ur había un hombre llamado
Abraham.
Dios le dijo: «Deja a tu pueblo y vete a un país
lejano que te mostraré». Así que él obedeció y se
fue con su familia, sus camellos,
su ganado y sus ovejas.

Después del largo viaje,
llegaron a **la tierra que les prometió** Dios.
El lugar era hermoso, con verdes
valles y muchos ríos.

Abraham también vino en compañía de
su sobrino **Lot**, que tenía muchas ovejas y cabras.
Así que discutió con
Abraham, pues quería **la mejor tierra**.

«Está bien, Lot... tú y yo
no debemos pelear. Escoge
la tierra que quieras», le dijo **Abraham**.

Dios le prometió a **Abraham**:
«Un día, tu familia será muy grande.
Tendrás muchos hijos, nietos
y bisnietos».

Pero **Abraham** ya era muy viejo y *su* esposa, **Sara**, también. **Eran demasiado viejos para tener hijos.**

Un día, unos desconocidos visitaron a **Abraham**.
Le traían un mensaje de Dios:
«*Tú vas a tener un hijo*».

Y, tal como se lo prometió Dios, **Sara** tuvo
un *bebé* varón que le puso por nombre

ISAAC.

Isaac creció y se convirtió en un buen hombre,
y ayudaba mucho a su padre.

Como **Abraham** era muy anciano, envió a uno de sus criados a un viaje para que le buscara una esposa a **Isaac**.

El criado se detuvo en un pozo y oró:
«Dios, permite que la muchacha a quien le pida
agua, no solo me la dé a mí, sino también
a los camellos. Así sabré que es la mujer
que escogiste para Isaac».

En eso, vino una joven al pozo.
«Sacaré agua para ti y para tus camellos»,
le dijo. En ese momento, el criado se dio cuenta
de que Dios quería que la muchacha fuera
la esposa de Isaac.

Se llamaba **REBECA.**

Los gemelos
JACOB y ESAÚ

Isaac *se casó con* **Rebeca** *y tuvieron dos hijos gemelos.*
Esaú y Jacob

Esaú, el primer gemelo, era muy velludo
y era un gran cazador.

Jacob, el segundo gemelo,
era muy tranquilo y le gustaba quedarse en casa
con su madre, **Rebeca**. Además, era
muy tramposo.

Cuando **Isaac** se puso muy viejo, quiso bendecir
de manera especial a **Esaú**.
Pero **Rebeca** quería que la bendición fuera para **Jacob**.

Así que un día, cuando **Esaú** se fue al campo a cazar,
Rebeca le puso a **Jacob** la piel de un cabrito
en sus brazos.

Como **Isaac** ya no podía ver, no se dio cuenta
de la trampa de **Jacob**, así que Isaac
pensó que era **Esaú**.

Entonces, ¡**Isaac** le dio su bendición especial a **Jacob**!

Cuando **Esaú** regresó del campo, se enojó mucho.
¡**Jacob** le había robado su bendición!

Así que **Jacob** huyó de su casa. Se fue a un país lejano donde vivía su tío **Labán**.

Isaac

Labán

Una noche, mientras huía de su hermano,
Jacob tomó una piedra del camino como almohada
y se acostó a dormir.

Allí **Jacob** tuvo un sueño emocionante.

Vio una escalera que llegaba hasta el cielo, por donde subían y bajaban **ángeles de Dios.**

Cuando Jacob despertó del sueño,
se asustó mucho y dijo:

«En verdad, ¡Dios está aquí!».

Por fin **Jacob** llegó a la casa de su tío, quien tenía dos hijas

llamadas LEA y RAQUEL.

Pronto, **Jacob** se enamoró de **Raquel**.
Así que le dijo a su tío:
«Quiero casarme con tu hija Raquel. Si lo aceptas,
trabajaré para ti siete años».

Pasaron siete años y llegó el día de la boda.
La novia tenía puesto un velo y
nadie podía ver su rostro.

Entonces, cuando ella se quitó el velo,
Jacob le gritó a su tío: «¿Por qué me engañaste?
¡Yo trabajé para casarme con Raquel!».

Como **Jacob** amaba a **Raquel**, trabajó para su tío siete años más para casarse con ella.

Después de muchos años, **Jacob** decidió volver a la casa de sus padres. Pero estaba muy preocupado por su hermano **Esaú**. ¿Seguiría enojado con él?

Sin embargo, cuando **Esaú** vio a **Jacob**,
le dio un gran abrazo.
¡Ahora los hermanos eran amigos otra vez!

JOSÉ
y sus sueños

La familia de Jacob era muy grande.
¡Tenía doce hijos!

Jacob amaba a **José** más que a sus otros hijos.
Así que le regaló una túnica de muchos colores.

Un día, **José** les dijo a sus hermanos:
«Anoche soñé que estábamos atando trigo en el
campo. Entonces, sus manojos de trigo
se inclinaron al mío».

Los hermanos de José se enfurecieron mucho.

«¡Ahora resulta que tú vas a ser nuestro jefe!»,
le dijeron

Los hermanos se pusieron de acuerdo
para hacerle daño a **José**.
Lo echaron en un pozo seco.

Luego, decidieron vender a **José** a unos comerciantes.
Al llegar los hermanos a casa solo con la túnica
rota de **José**, su padre lloró y dijo:
«¡Algún animal feroz hizo pedazos
a José y se lo comió!».

Los comerciantes se fueron a la tierra lejana de **Egipto** y allí vendieron a **José**.

El hombre que lo compró era muy rico y lo puso a trabajar para él.

Un día, le dijeron al amo que **José** hizo algo muy malo y lo metió en la cárcel. **¡Todo era mentira!**

En la cárcel, **José** ayudaba mucho a la gente y le decía el significado de los sueños que tenían.

Una noche, **el rey de Egipto** tuvo un sueño donde veía a **siete vacas gordas**. Después vio a **siete vacas flacas** que venían y se comían a las gordas.

Más tarde soñó que veía **siete espigas** de trigo hermosas. Luego, vio venir a **siete espigas delgadas** que se tragaban a las hermosas.

El rey se despertó

y les contó sus sueños a
todos los sabios del reino.
«¿Cuál es el significado?»,
les preguntó.
¡Nadie lo sabía!

Entonces, al rey le dijeron que
José podía ayudarlo.
Enseguida, lo llamó a su palacio.

«Los dos sueños significan lo mismo»,
le explicó José.
«Dios le dice que vendrán siete años de hambre y
hay que prepararse».

«En ningún lugar encontraremos a alguien más inteligente que José», comentó el rey.

Así que **lo puso a cargo de Egipto**.
José juntó mucho alimento en los siete años de abundancia y lo guardó para tener siempre comida

José también mandó a buscar a su padre y a sus hermanos, para que en **Egipto** tuvieran lo suficiente para comer.

MOISÉS,
un buen líder

Con el paso del tiempo, murieron **Jacob**, **José** y sus hermanos, por lo que había **un nuevo rey en Egipto**.

Este rey era muy malo. A la familia de **José** la obligaba a construir templos y casas.

A las personas de esta familia los llamaban **israelitas**.

El rey se puso a pensar que había muchos **israelitas**. Entonces, les dio la orden a sus soldados **que mataran a todos los bebés varones** de los israelitas.

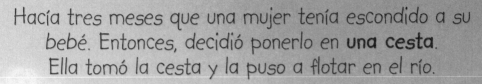

Hacía tres meses que una mujer tenía escondido a su bebé. Entonces, decidió ponerlo en **una cesta**. Ella tomó la cesta y la puso a flotar en el río.

Al poco rato, **la hija del rey**, la princesa de Egipto, se fue a bañar al río y vio **la cesta**. ¡Qué lindo era el bebé que encontró!

Aunque este **bebé era israelita**,
se lo llevó a su palacio.
Le puso por nombre
MOISÉS.

Cuando **Moisés** creció y se hizo hombre,
huyó de Egipto.
Él se puso a cuidar ovejas en
un desierto lejano.

Un día, **Moisés** vio un arbusto ardiendo.
Ese arbusto ardía muy brillante,
pero sin quemarse.

De pronto, un ángel le habló a Moisés desde el arbusto.

«Dios te dice: "Vuelve a Egipto y dile al rey que deje ir a mi pueblo"».

Así que **Moisés** se fue para **Egipto**.
Lo acompañaba su hermano **Aarón**.
Ellos le dijeron **al rey**:

«Dios te ordena: ¡Deja ir a mi pueblo!».

Pero el rey respondió:
«Yo no sé quién es el Dios de ustedes.
Además, no dejaré ir a su pueblo».

Después, **Dios** hizo que sucedieran cosas terribles en **Egipto**.

¡Había ranas saltando por todas partes!

¡Los mosquitos les picaban a todos los egipcios!
¡Las moscas no dejaban de volar en todos lados!
Las vacas se enfermaban y morían.
Hasta el agua del río se volvió sangre.

A la gente le salía sarpullido en la piel.
Granizos muy grandes caían desde el cielo.
Los saltamontes se comían las plantas.
¡Todo se puso oscuro como de noche!

Y se murieron los hijos mayores de los egipcios.

Al final, después de todas esas cosas tan horribles, el rey gritó: «¡Váyanse de aquí!».

Enseguida, **Moisés** y todos **los israelitas** salieron de Egipto.

Por el día, los guiaba una enorme nube que iba delante.

Por la noche, los alumbraba una
columna como de fuego.

Entonces, ¡el rey tuvo otra idea!

Él quería traer de nuevo a los israelitas.
Así que les ordenó a sus soldados que los buscaran.

Al fijarse, los israelitas tenían al **Mar Rojo** delante y a los egipcios detrás. ¡Ay, ya no podían huir! ¡Ellos se pusieron a temblar de miedo!

Dios le dijo a **Moisés** que levantara su vara hacia el mar y...

¡PUM!

¡El agua se dividió en dos!

Todos los israelitas pasaron
al otro lado del mar
por la tierra seca.

Después, las aguas se
unieron de nuevo.

¡Así los israelitas se escaparon de los egipcios!

Los israelitas se fueron al desierto,
donde vivieron muchos años. Cada mañana,
Dios los alimentaba con un pan especial
llamado **maná**...
¡que sabía muy rico!

Por la tarde, **Dios** les enviaba unas aves que se llaman codornices para que **los israelitas** las cocinaran y se las comieran.

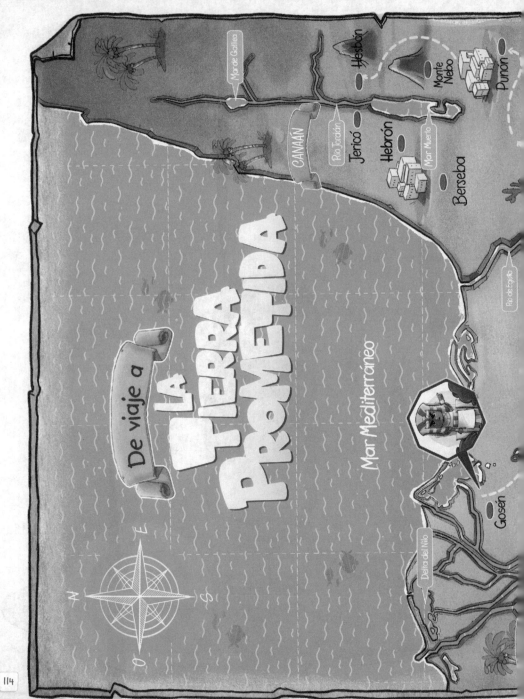

De viaje a
LA TIERRA PROMETIDA

Mar Mediterráneo

Mar de Galilea

Hesbón

Monte Nebo

Punón

CANAÁN

Río Jordán

Jericó

Hebrón

Mar Muerto

Berseba

Río de Egipto

Gosén

Delta del Nilo

N
E
S
O

114

Moisés subió a una montaña llamada **Sinaí**.
En lo alto, se reúne con **Dios**.

Hacía tanto tiempo que no veían a **Moisés,** que los israelitas creyeron que no estaba vivo.

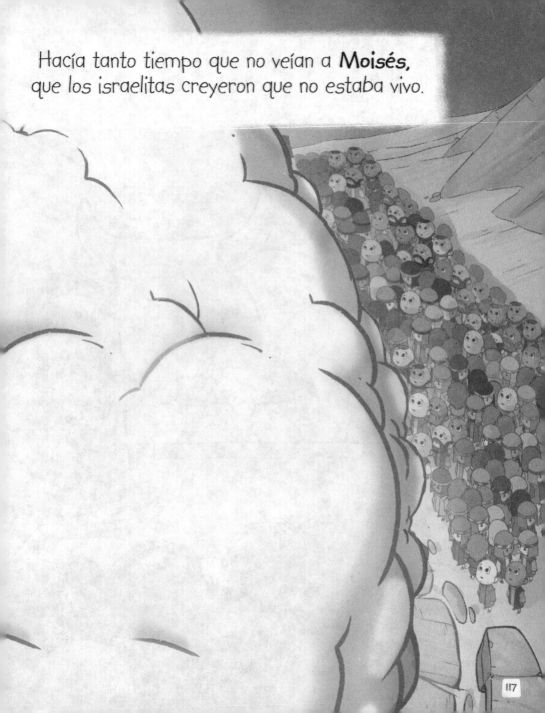

Así que tomaron sus joyas de oro,
construyeron **un becerro** y lo adoraron.

Cuando por fin **Moisés** baja de la montaña, traía **dos piedras** con **las reglas de Dios** **escritas en ellas.**

Al ver que los israelitas le pedían a un becerro de oro en lugar de orar a **Dios, Moisés** se enojó mucho.

Luego, **Dios** le dijo a **Moisés** que construyera **una tienda** especial. Allí los **israelitas** podían reunirse con Dios.

Como **Moisés** guiaba al pueblo hacia la tierra que le prometió **Dios**, él envió **doce hombres** a espiarla.

Dos hombres venían con unos racimos
de uvas enormes.
«¡Es una tierra muy hermosa!»,
le dijeron.

Los años pasaban, y todavía los israelitas
no habían llegado a **la Tierra Prometida**.
Así que como **Moisés** ya era
muy viejo, se murió.

JOSUÉ,
un hombre valiente

Después que murió **Moisés**, Dios les dio a
los israelitas otro líder llamado **Josué**

Dios le encargó a **Josué** que guiara al pueblo por el río Jordán hasta que llegara a **la Tierra Prometida.**

Entre sus cosas, ellos llevaban **la caja especial de la tienda de Dios.**

Su gran viaje los dirigía a la gran ciudad de **Jericó**.
¿Cómo lograrían vencerla?

Dios le encargó a **Josué** que lo hiciera.
Primero, **los israelitas** marcharon **alrededor**
de la ciudad durante seis días.

Entonces, en el séptimo día, tuvieron que **marchar siete veces** alrededor de la ciudad.
Al final, tocaron sus trompetas y gritaron muy fuerte.

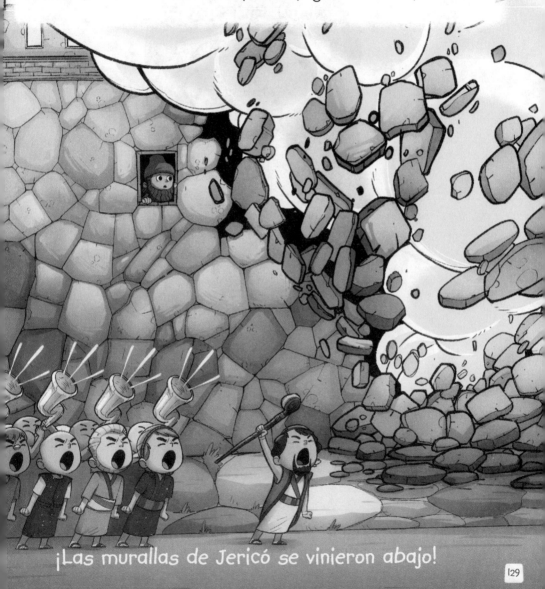

¡Las murallas de Jericó se vinieron abajo!

GEDEÓN
y su ejército

Más tarde, **Dios** envió a un hombre llamado **Gedeón** para guiar a los israelitas.

Dios le dijo a **Gedeón**:
«Lo único que necesitas es un ejército pequeñito».

Gedeón les dio a sus hombres trompetas, antorchas y cántaros vacíos.

Cuando la noche estaba en silencio, los hombres de
Gedeón rompieron los cántaros y encendieron
las antorchas.

A la gente del enemigo les dio muchísimo miedo.
Todos huyeron. **¡Y el pueblo de Dios tuvo la victoria!**

SANSÓN,
un hombre muy fuerte

Ahora, **Dios** envió a otro hombre llamado **Sansón** para guiar a los israelitas. **Él era muy fuerte.**

Como tenía la ayuda de **Dios**,
Sansón mató a un león con *solo sus manos*.

Sansón le prometió a Dios que nunca
se cortaría el cabello. **Eso lo mantenía fuerte.**

Entonces, una **mujer mala** llamada **Dalila**
lo engañó y él dejó que le **cortara el cabello.**

Ahora **Sansón** no tenía fuerza.

Él **no cumplió** su promesa y desobedeció a Dios.

Al final, Sansón **le pidió perdón a Dios,**
Él lo perdonó y le devolvió la fuerza.

Por eso, al empujar dos columnas,
el edificio le cayó encima a la gente mala.

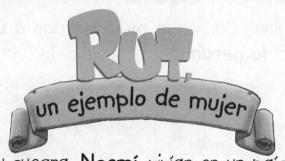

Rut,
un ejemplo de mujer

Rut y su suegra, **Noemí**, vivían en un país lejano. Como su esposo y sus hijos murieron, **Noemí** decidió irse a su casa en **Israel, la Tierra Prometida.**

Moab

Israel

También **Rut** se fue con ella hasta un
pueblo llamado **Belén**.
Ella quería cuidar a **Noemí**.

Belén

Un día, **Rut** se fue a los campos de **Belén**.
Fue a buscar alimentos para que su suegra
y ella pudieran comer.

Allí en esos campos conoció a un hombre llamado **Booz**.
Él la amó por ser una mujer buena.
Después, ellos se casaron.

SAMUEL

obedece a Dios

Samuel era un niño cuando su mamá lo llevó al templo.
El muchacho iba a ser el ayudante del sacerdote **Elí**.

Una noche, **Samuel** se acostó a dormir
y escuchó una voz que lo llamaba:
«¡Samuel, Samuel!».

Samuel corrió hasta Elí y le preguntó:
«¿Por qué me llamaste?».
«Yo no te llamé», le dijo Elí.
«Seguro que fue Dios».

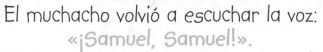

El muchacho volvió a escuchar la voz:
«¡Samuel, Samuel!».
Entonces, le puso mucha atención a lo
que le dijo **Dios**.

Cuando se hizo hombre, **Samuel** llegó a ser mensajero de **Dios**. Luego, los israelitas le dijeron:

«¡Queremos un rey!».

Así que **Dios** mandó a **Samuel** hasta un hombre llamado **Saúl**. Él derramó aceite sobre la cabeza de **Saúl** y, de esa manera, le mostró que era el **rey de Israel**.

Al principio, **Saúl** fue un buen **rey**. Sin embargo, después comenzó a hacer cosas que no le agradaban a **Dios**. Por eso **Dios** le pidió a **Samuel** que buscara **otro rey**.

DAVID
un buen rey

Samuel fue a la casa de un hombre llamado Isaí que tenía ocho hijos. Dios escogió al hijo menor, David, para que fuera el nuevo rey

Un día, **David** tuvo que pelear contra
un gigante llamado Goliat.

Lo único que tenía **David**
era una honda
y cinco piedras.

Entonces, **David oró a Dios** y le pidió que lo ayudara.
Luego, cuando se puso a darle vueltas a su honda,
una piedra golpeó al gigante y...

¡PUMBA!

Goliat cayó muerto.

Algunas veces, el rey **Saúl** se enojaba mucho.
David tocaba su arpa y lo alegraba.

Jonatán, el hijo de **Saúl**, era el mejor amigo de **David**.

La gente del pueblo decía:
«Saúl venció a mil soldados,
pero David a diez mil».
Esto enojaba mucho a **Saúl**.

Un día, le tiró una lanza a **David**
para matarlo.

David salió huyendo. **Saúl** lo persiguió por todo Israel.
Pero **Dios** siempre ayudaba a **David** para que escapara.

Cuando murió **Saúl**, **David** llegó a ser **el rey de Israel**.

El pueblo de **Israel** tenía muchos enemigos,
pero **David** y su ejército los vencían.

David vivía en un gran palacio en la hermosa **ciudad de Jerusalén.**

Jerusalén

Después de ser rey, él trajo **la caja especial de la tienda de Dios a Jerusalén.**

Jonatán, el amigo de **David,** tenía un hijo llamado **Mefiboset.**
Él tenía sus piernas muy malas.

David invitó a **Mefiboset** a su palacio.
Allí **Mefiboset** comía siempre como un hijo más del rey.
Con eso, **David le demostró que Dios lo amaba**.

SALOMÓN,
el rey sabio

Israel

Antes de morir, **David** nombró a su hijo
Salomón rey de Israel.

Después, **Dios** le dijo en un sueño a Salomón:
«Pídeme lo que quieras que te dé.
¿Quieres dinero, salud, comida?».

Salomón dijo:
«Querido Dios, permite que yo sea sabio».
A **Dios** le gustó esa petición.
Le dijo: «Tú serás sabio».

El sabio **Salomón** tenía fama en todas partes. La bella **reina de Sabá** vino de un país lejano para visitarlo.

Ella le hizo muchas preguntas a **Salomón**.
¡Y él las contestó todas!

«Dios te hizo muy sabio y muy rico»,
le dijo ella.

El templo que **Salomón** construyó
era muy hermoso.

Ahora el pueblo podía orar a Dios
en ese lugar. Dentro, él puso la caja especial
de la tienda de Dios.

Cuando se terminó la construcción del templo,
la gente venía de todas partes para orar allí.

ELÍAS

oró y todo cambió

Entre **los reyes malos** estaba el malvado **rey Acab**, que no quería que el pueblo adorara a **Dios**.

Dios le ordenó a **Elías**, uno de sus mensajeros, para que le avisara a **Acab** lo que iba a suceder:

«Dios dice que si sigues portándote mal, no lloverá. Por eso no tendrán alimentos y todos pasarán hambre».

¿Crees que **Acab** obedeció?
¡**No!** Solo se rio.
Él no le dijo a **Dios** que se portaría bien.
Así que no llovió más.

Acab se enojó mucho con Elías.
Entonces, el rey lo mandó a buscar.
Pero Elías huyó al desierto. Sin embargo,
¿cómo encontraría alimentos allí?

Dios llevó a **Elías** hasta un arroyo donde podía beber agua. Y **Él** le enviaba unos cuervos que le traían pan y carne para comer.

Más tarde, el arroyo se secó y **Dios** le dijo Elías que fuera al pueblo donde vivía una mujer pobre, pues **Él** le ordenó que lo alimentara.

Cuando llegó, **Elías** le dijo:
«Por favor, tráeme un poco de agua y
un pedazo de pan».

La mujer solo tenía un puñado de harina y un poco de
aceite para hacer un pan para ella y su hijo.
Aun así, cuando hizo el pan, lo compartió con **Elías**.

«No tengas miedo», le dijo Elías.
«Dios nos va a dar alimentos».

Después de eso, siempre hubo harina en la tinaja
y aceite en la vasija.

Al ver eso, la mujer dijo:
«Dios nos está ayudando mucho».

En ese tiempo, el rey solo le oraba a un ídolo llamado **Baal**.
Él le pedía a su ídolo que enviara lluvia. **Pero no llovía.**

Después de tres años, **Dios** le dice a Elías
que fuera a ver al rey **Acab**.

Luego, **Elías** le dijo al rey:
«Vamos a construir dos altares de piedra.
Uno para que tú le ores a tu ídolo y otro para
que yo ore a Dios».

«Ahora vamos a ver quién es el que responde:
Baal o Dios».

Desde por la mañana, **Acab** y el pueblo empezaron
a orar a Baal. Danzaban y danzaban,
pero **no sucedía nada.**

Ya por la tarde, **Elías oró a Dios**...
¡y cayó fuego del cielo!

Pronto, comenzó a llover. ¡Ya no habría más hambre!
¡Crecerían las plantas que dan alimentos!
El pueblo dijo: «¡Gracias, Dios!».

ELISEO,
el ayudante fiel

El ayudante de **Elías** se llamaba **Eliseo**.

Ya **Elías** tenía muchos años y se acercaba
la hora en la que **Dios** se llevaría
a **Elías** al cielo.

Elías y Eliseo iban caminando cuando, de pronto, un carro de fuego voló desde el cielo y se llevó a Elías.

Eliseo recogió el manto que se le cayó a **Elías**.
Ahora, él era el nuevo ayudante de Dios.

NAAMÁN,
el jefe del ejército

Naamán era jefe del ejército de un país llamado **Siria**.
Él tenía una enfermedad muy mala en la piel.

La esposa de **Naamán** tenía una criada.
Un día, le dijo a su ama:
«Si Naamán va a ver a Eliseo, el ayudante de Dios,
él puede sanarlo».

Así que **Naamán** fue enseguida a ver a **Eliseo**.
«Zambúllete siete veces en el río Jordán»,
le mandó a decir Eliseo.

Como **Eliseo** solo le mandó un mensaje, **Naamán** se enojó mucho. Entonces, los criados le dijeron: «Por favor, no te enojes. Haz lo que te dijo Eliseo».

Entonces, **Naamán** se zambulló **siete veces en el río Jordán.**

Sucedió algo maravilloso...

5 ¡Glup!

6 ¡Glup!

7 ¡Glup!

¡Dios sanó a Naamán!

JEREMÍAS,
el mensajero de Dios

Dios amaba mucho a los israelitas y les enviaba mensajeros que le hablara al pueblo de **Él**. Uno de esos mensajeros fue Jeremías.

«Busquen a Dios», les decía Jeremías.
«Si no lo hacen, Él les enviará ejércitos de otros
países para vencerlos».

A pesar de eso, la gente no quería escuchar.
Un día, sucedió lo que dijo **Jeremías**.
Un gran rey vino con su ejército.

Él se llevó al pueblo a su país muy lejano llamado **Babilonia**.

Babilonia

DANIEL

oraba tres veces al día

Daniel era un israelita que vivía en Babilonia.
Él siempre oraba a Dios.

Daniel era muy inteligente. Él también ayudaba a **Darío**, el rey de **Babilonia**.

Un día, el rey le dijo al pueblo:
«Ahora, todos tienen que adorarme solo a mí».

202

Pero **Daniel** adoraba a **Dios** y oraba a **Él** tres veces al día como siempre. Así que no obedecía al rey.

En **Babilonia** había unos hombres muy malos que le dijeron al rey: «Daniel sigue orando a Dios. ¡Tienes que castigarlo!».

Por eso, ¡el rey lanzó a Daniel a un foso lleno de leones!

Allí, Daniel oró:

«¡Querido Dios, sálvame de estos leones, por favor!».

¡Dios escuchó a Daniel y les cerró las bocas a los leones! Ellos ni siquiera lo tocaron.

¡Dios salvó a Daniel!

JONÁS

en el gran pez

Jonás fue un mensajero de **Dios**.

Un día, Dios le dijo a Jonás: «Ve a la ciudad de Nínive. Dile a ese pueblo que no se siga portando mal».

Jonás se asustó mucho.
Así que se subió a un barco que iba
a otro lugar.
¡Él quería huir de Dios!

De pronto, vino un fuerte viento y una gran tormenta.
Así que los marineros lanzaron a Jonás al mar.

Al instante, Dios envió un enorme pez que se tragó a Jonás, pero sin hacerle daño.

Después de tres días, el pez echó a **Jonás** en la orilla del mar.

¡Jonás aprendió a obedecer a Dios!
Jonás se fue a **Nínive** para dar el mensaje de **Dios**.

NUEVO TESTAMENTO

JESÚS

nace en Belén

En el pueblecito de Nazaret vivía una
joven llamada María.

Un día, la visitó un ángel y le dijo:
«No tengas miedo, María.
Tú vas a tener un *bebé* muy especial
que *será* el Hijo de Dios.
Le pondrás por nombre Jesús».

María se alegró mucho. Después, cantó:
«¡Gracias, Dios, de todo corazón!».

María estaba casada con un carpintero
llamado José. Además, ella estaba esperando
el nacimiento de su bebé.

Belén

No hay lugar

José y María tenían que hacer un largo viaje hasta Belén. Y por eso María se cansó mucho.

En Belén no había ningún lugar para dormir.
Un buen mesonero les dijo:
«Quédense en mi establo».

Así que ellos le dijeron: **«¡Gracias!».**

Esa misma noche, el bebé **Jesús** nació en el establo.
María le preparó una camita caliente en el pesebre.

En los campos cerca de Belén había unos pastores que cuidaban sus ovejas.

De pronto, el cielo se iluminó y se les apareció un ángel que les dijo:

«No tengan miedo. En Belén nació un bebé que salvará al mundo».

¡Los pastores se alegraron mucho! Así que se fueron corriendo para ir a ver al bebé.

Cuando los pastores llegaron a Belén, encontraron al niño acostado en un pesebre. Y les contaron a María y José todo los que les dijo el ángel.

En una tierra lejana, había unos hombres sabios que vieron una estrella especial. Entonces, siguieron a esa estrella para encontrar al *bebé recién nacido*.

La estrella no dejaba de guiar a los sabios. Después de muchos días, la estrella los guio hasta la aldeíta de Belén.

Los sabios le dieron unos preciosos regalos
al bebé Jesús:

oro, incienso y mirra.

Cuando JESÚS era niño

Después, María y José llevaron a **Jesús** de nuevo a su hogar en Nazaret.

El tiempo pasó, y **Jesús** era un niño muy bueno que ayudaba a sus padres. También jugaba con sus amigos.

Ya **Jesús** tenía doce años. Y María, José y Jesús fueron al templo de Jerusalén para una fiesta llamada Pascua.

En el viaje de regreso a Nazaret, María y José perdieron a **Jesús** entre la gente.

Ellos lo buscaban por todas partes.

Al fin lo encontraron. ¡Jesús estaba en el templo con los sacerdotes!

Estos hombres se dieron cuenta de que **Jesús** era muy sabio.

En su hogar, Jesús ayudaba a José. Aun así, él sabía que algún día **Dios le daría un trabajo muy especial.**

JUAN

Junto al río Jordán había un hombre llamado Juan que le enseñaba a la gente. Él les decía a todos que no hicieran cosas malas, pues esto ponía triste a Dios.

Muchas personas decían que ya no harían esas cosas.
Estaban arrepentidas. Así que Juan las zambullía
en el río para mostrar que iban a comenzar de nuevo.

Un día, **Jesús** vino al río para que Juan lo bautizara también.

Y Juan lo hizo.

Mientras Jesús oraba, una paloma vino del cielo.
Luego se escuchó que Dios decía:

«Este es mi Hijo.
Estoy muy contento con Él».

A JESÚS

lo ponen a prueba

Pronto, **Jesús** se preparó para comenzar
el trabajo para Dios. Lo primero que hizo
fue orar en el desierto.

En eso, Satanás llega hasta Jesús para probarlo.
Así que le hizo tres preguntas para tratar
de engañar a **Jesús**.

Pero Jesús le dijo que se fuera. Luego, le dijo: «La Biblia dice: "No pongas a prueba al Señor tu Dios"».

Por fin Satanás deja de hacerle trampas a **Jesús**.
Y él se va durante algún tiempo.

PALESTINA

en los tiempos de Jesús

Cesarea de Filipo

Río Yarmuk

Río Jordán

Juan el Bautista bautiza a...

Capernaúm

Nazaret

Samaria (Sicar)

Cesarea

Mar Mediterráneo

Jericó

Mar Muerto

Belén

Jerusalén

Berseba

JESÚS

y la boda en Caná

María, la madre de **Jesús**, fue a una boda
en un pueblo llamado Caná.
A **Jesús** y sus amigos los invitaron también.

Todos comían y bebían vino.
«Se acabó el vino»,
le informaron al novio.

«Entonces, ¿qué hacemos?».
María les indicó:
«Pídanle a **Jesús** que los ayude».

Jesús les dijo:
«Llenen esas tinajas con agua».
Los hombres obedecieron a Jesús.

¡Ahora el agua era vino!

Este fue el primer milagro que hizo Jesús.

JESÚS
y los cuatro pescadores

Un día, andaba **Jesús** junto al mar y vio a cuatro
pescadores. Pedro y Andrés echaban sus redes al mar.
Jacobo y Juan remendaban sus redes.

«Vengan, síganme», les dijo Jesús.
«En lugar de pescar peces, ¡los voy a enseñar a pescar hombres!».

Y los cuatro siguieron a **Jesús**.

JESÚS

y el cobrador de impuestos

Los cobradores de impuestos eran
hombres que no le agradaban a la gente.
Ellos le quitaban mucho dinero.

Al pasar, Jesús vio a un cobrador de impuestos llamado Mateo. «Sígueme», le dijo.

Al instante, Mateo se levantó y siguió a **Jesús.** Así que dejó su trabajo para ser amigo de **Jesús.**

También **Jesús** llamó a otros hombres
para que fueran sus amigos.

En total, eran doce hombres.
A estos amigos de **Jesús** los llamaban
discípulos.
Sus nombres eran
Pedro, Andrés, Jacobo, Juan, Felipe,
Bartolomé, Tomás, Mateo, Jacobo,
hijo de Alfeo, Tadeo, Simón y Judas Iscariote.

JESÚS

sana a muchos enfermos

Después de esto, **Jesús** fue por muchos pueblos y aldeas con sus amigos.

Él le contaba historias a la gente acerca
de las buenas noticias de Dios.

Un día, **Jesús** subió a un lugar para orar.
Uno de sus discípulos le dijo:
«Enséñanos a orar».

«Cuando ustedes oren, digan:
"Padre nuestro que estáis en el cielo:
Que todos sepan que tú eres el Dios santo.
Ven y sé nuestro único Rey.
Que todos los que viven en la tierra
te obedezcan, como te obedecen
los que están en el cielo.

Danos la comida
que necesitamos
hoy. Perdónanos
lo malo que hacemos,
así como nosotros
perdonamos a
los que nos
hacen mal.
Y cuando vengan
las pruebas, no dejes
que nos separen de ti.
Cuídanos siempre.
Amén"»

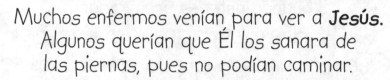

Muchos enfermos venían para ver a **Jesús**. Algunos querían que Él los sanara de las piernas, pues no podían caminar.

También venían a verlo personas que no podían ver
o no podían oír.

Jesús sanaba a todos para que cada uno
volviera a estar bien.

El hombre que visitó a

JESÚS

de noche

Ya era tarde cuando un hombre llamado Nicodemo
vino a ver a **Jesús**. Él quería aprender más
cosas de Dios.

Jesús le dijo:
«¡Tú debes tener una vida nueva!
Tú debes ser como un bebé para Dios».

Nicodemo escuchaba con atención.
Pero le era difícil entender lo que le decía Jesús.

JESÚS

y la samaritana en el pozo

Un día, **Jesús** estaba en un lugar
llamado Samaria. Como estaba muy cansado,
se sentó junto a un pozo.

Una mujer vino a buscar agua. **Jesús** le dijo:
«Dame un poco de agua, por favor».

Jesús le contó muchas cosas maravillosas. Ella le dijo: «Tú debes ser un mensajero muy especial de Dios».

Entonces, **Jesús** le dijo:

«Yo soy el que
vino para salvar
al mundo».

Jesús contó muchas historias asombrosas. Todas nos enseñan cosas especiales. Aquí tienes algunas de ellas.

LA HISTORIA
del buen pastor

Había una vez un pastor que tenía cien ovejas.
Todos los días, el pastor contaba sus ovejas:
Una, dos, tres...

Entonces, ¡se da cuenta que le falta una!

Al instante, el pastor sale a buscar a su oveja perdida.
¿Dónde estará mi oveja?

Subió a una montaña para ver mejor.
Él buscaba a su oveja por todas partes.

Cuando al fin la encuentra, la pone en sus hombros,
y la trae de regreso sin una herida.

«Vengan a mi casa y alégrense conmigo», les dijo a sus amigos. «¡Ya encontré a mi oveja perdida!».

Jesús dijo:
«También Dios se alegra mucho
cuando alguien regresa a Él».

Jesús contó otra historia acerca de dos hombres que construyeron dos casas nuevas.

LA HISTORIA
de dos personas

El primer hombre era una persona tonta que
construyó su casa sobre la arena.

El segundo hombre era una persona sabia.
Construyó su casa sobre la piedra firme.

Un día, vino la lluvia, el agua de los ríos subió mucho
y el viento sopló con gran fuerza.
Y la casa sobre la arena se cayó...

Pero la otra casa no se cayó, porque estaba construida sobre piedra firme.

Jesús dijo: «Las personas que escuchan lo que yo enseño y hacen lo que yo les digo, son como el hombre sabio que construyó su casa sobre la piedra firme».

Jesús también contó esta historia:

LA HISTORIA
del hijo perdido

Un hombre tenía dos hijos.
El hijo más joven le pidió dinero a su
padre y se fue de su casa.

El hijo más joven le pidió dinero a su padre
y se fue de su casa.

Él se fue a un país lejano.

Allá tenía fiestas todos los días.
Pero pronto el dinero se acabó.

Ahora el joven tenía que trabajar.
Lo pusieron a cuidar cerdos.

Tenía tanta hambre,
que le daban ganas de comer lo mismo
que los cerdos.

Por fin el joven **se dio cuenta de lo tonto que había sido**. Así que decidió regresar a su casa

y pedirle perdón a su padre.

Su padre se alegró mucho por el
regreso de su hijo a la casa.

Hasta dio una gran fiesta
para celebrar.

Jesús dijo:
«Dios se alegra también cuando la
gente perdida regresa a la casa con Él».

LA HISTORIA
de la moneda perdida

¿Ⓞ?

Jesús puso otro ejemplo y contó la historia de una mujer que perdió una moneda de plata.

Como la moneda valía mucho, ella la buscaba por todas partes.

Por fin la mujer encontró su moneda.
«¡Vengan a mi casa y alégrense conmigo!»,
les dijo ella a sus amigas.
«¡Ya encontré la moneda perdida!».

Jesús dijo:
«También los ángeles hacen fiesta
cuando alguien vuelve a Dios».

LA PEQUEÑA

que Jesús ayudó

Jairo, un jefe del templo, tenía una niña pequeña.
Un día, ella se puso tan enferma que murió.

Jairo corrió a buscar a **Jesús** y le dijo:
«Si tú pones tu mano sobre ella, volverá a vivir».

Cuando **Jesús** llegó a la casa, todos lloraban.
«¡La niña no está muerta, sino dormida!»,
les dijo **Jesús**.

Luego, tomó de la mano a la niña,
y esta se levantó.

Al instante, la hija de Jairo estaba bien y le dieron algo de comer.

¡Todos se enteraron del gran milagro que hizo Jesús!

JESÚS
calma los vientos y el mar

Un día, **Jesús** subió a una barca junto con sus amigos, los discípulos. Como estaba cansado, se fue a dormir.

De pronto, vino una tormenta muy fuerte.
Las olas se metían en la barca.

Los discípulos estaban muy asustados.

Ellos fueron a despertar a **Jesús**.

Él dijo:
«¡Que se calmen los vientos y el mar!».

Y todo quedó tranquilo otra vez.

¡Los discípulos estaban asombrados!
Hasta el viento y las olas obedecían a **Jesús**.

JESÚS

da de comer a mucha gente

En cierta ocasión, Jesús enseñaba y sanaba
enfermos en un lugar solitario.
Al atardecer, la gente tenía mucha hambre.

Nadie traía algo para
comer... menos un muchacho.

Él tenía cinco panes y dos pescados.

Él *se los dio* a **Jesús**, y Él oró para dar gracias a Dios.

Luego los discípulos repartieron la comida.

En ese lugar había cinco mil hombres,
¡pero todos comieron cuanto quisieron!

Incluso, con lo que sobró llenaron doce canastas.
La gente estaba asombrada por
el milagro que hizo Jesús.

JESÚS

ama a los niños

Un día, algunas mamás le llevaron sus niños a
Jesús para que los tocara.

«¡Váyanse de aquí!», les dijeron
los discípulos.
«No molesten a Jesús».

Cuando Jesús escuchó esto,
Él dijo: «Dejen que los niños se acerquen a mí».

También les dijo:
«Les aseguro que ustedes nunca entrarán al reino
de Dios si no son como un niño».

JESÚS
y Zaqueo

Un día, **Jesús** fue a la ciudad de Jericó.

Jericó

Zaqueo quería ver a **Jesús**, pero era demasiado bajito y había mucha gente.

Así que corrió y se subió a un árbol de higos.

Jesús lo vio y le dijo: «¡Zaqueo, baja de ahí! Yo quiero ir a tu casa para comer contigo».

Después que Zaqueo conoció a **Jesús**, cambió por completo.

Hasta devolvió el dinero que le había robado a la gente.

JESÚS
sana a diez enfermos

Un día, **Jesús** entró en cierta aldea. Allí vivían diez hombres con una terrible enfermedad en la piel.

«¡**Jesús**, Maestro, sánanos, por favor!», le pidieron.

Jesús los vio y les dijo:
«Vayan al templo. Allí verán que
todos están sanos».

Los hombres se fueron corriendo.
En el camino, se dieron cuenta de
que ya estaban sanos.

Así que siguieron muy felices porque
estaban bien otra vez.

De los diez hombres, solo regresó uno.
Él dijo: **«Gracias, Jesús».**

Pero ninguno de los otros hombres fue agradecido.

JESÚS

sana a un mendigo

En el camino a Jericó, los discípulos vieron
a un mendigo ciego.
«¿Este hombre hizo algo malo?»,
le preguntaron a **Jesús**.

«No», dijo Jesús.

Entonces, Él puso un poco de lodo en los ojos al hombre y le dijo que se fuera a lavar.

Cuando el hombre se lavó los ojos, ¡ya veía! Todos se sorprendieron mucho.

¡Jesús hizo otro milagro!

JESÚS
y las dos hermanas

Jesús y sus discípulos fueron a un pueblo donde vivían
dos hermanas: **Marta y María.**
Ellas les pidieron que fueran a su casa.

María se sentó a los pies de **Jesús** para escuchar sus historias. Pero Marta estaba muy ocupada en la cocina preparando la comida.

«Marta, Marta, hay cosas más importantes»,
le dijo **Jesús**. «María escogió lo mejor.
¡Ella quiere escucharme!».

CUATRO
amigos buenos

Un día, la gente se enteró que **Jesús** estaba en casa.
Muchos querían escucharlo y el lugar se llenó enseguida.

Cuatro hombres querían que **Jesús** sanara a su amigo enfermo.

La casa estaba llena. Así que subieron al techo y abrieron un agujero allí.

Entonces, los hombres bajaron a su amigo enfermo hasta donde estaba **Jesús**. Los amigos del hombre sabían que **Jesús** podía sanarlo.

Al ver·que creían en Él,
Jesús le dijo al enfermo:
«¡Levántate!». ¡Y él se levantó!

JESÚS
va a Jerusalén

«Tengo que ir a Jerusalén»,
les dijo Jesús a sus discípulos.

«Allí moriré, pero volveré a vivir».
Pero ellos no entendían.

En Jerusalén había una gran fiesta.

Los discípulos pidieron prestado un burrito.
Jesús lo montó y entró a Jerusalén.

Al verlo, la gente ponía ramas de
árboles en el camino.

«¡Gloria sea a nuestro Rey!»,
gritaban

JESÚS
en el templo

Jesús fue al templo y dijo:
«Mi templo es casa
de oración».

Pero los hombres cambiaban dinero y vendían palomas allí.

Entonces, Jesús los echó del templo.
«¡Váyanse de aquí! ¡Ustedes convirtieron
el templo en una cueva de ladrones!», les decía.

LA OFRENDA

de la mujer pobre

Jesús fue al templo y vio cómo la gente echaba dinero en las alcancías.

También vio cómo los ricos echaban allí muchas monedas de oro.

Una mujer muy pobre echó dos moneditas de poco valor.
Eso era todo lo que ella tenía para vivir.

Jesús dijo:
«Esta pobre mujer echó más dinero
que todos los demás».
Los discípulos se asombraron.

JUDAS

entrega a Jesús

Cierta gente mala en Jerusalén odiaba a **Jesús**.
Así que con engaños quería matar a **Jesús**.

Ellos se pusieron de
acuerdo con Judas,
uno de los discípulos de
Jesús,

y le dieron dinero para que él entregara a **Jesús.**

La Cena del SEÑOR

Una noche, **Jesús** y sus discípulos comían la cena llamada **Pascua**. Él les volvió a decir: «Voy a morir pronto».

Pero ellos no entendían nada.

Mientras comían, Judas
salió a escondidas.

Iba a buscar a los hombres
malos que querían matar
a **Jesús**.

Al final, Jesús tomó un pedazo de pan y una copa de vino.
«Cada vez que coman el pan y beban el vino»,

les dijo, «acuérdense de mí».

JESÚS
en el huerto

Después de cenar, **Jesús** salió de la ciudad con sus discípulos. «Vamos a orar en este huerto», les dijo.

Pero todos se quedaron dormidos.

Jesús se puso a orar:
«¡Padre, ayúdame a obedecerte».
El huerto estaba muy oscuro.

De pronto, **¡se escuchó un gran ruido!**
Delante de todos venía Judas para guiar
a los hombres malos hasta **Jesús**.

En eso, los discípulos de **Jesús** se despiertan. Y salen huyendo llenos de miedo.

Entonces, los soldados se
llevaron preso a **Jesús**.

Pedro los seguía de lejos.
Al ver a Pedro, unas personas le dijeron:

«Tú también eres amigo de **Jesús**».

Pedro sentía mucho miedo.
Así que les dijo:

«No... ¡yo no sé nada de Él!
¡Yo ni siquiera lo conozco!».

¡Era mentira!
Cuando Pedro se
dio cuenta de esto,
lloró mucho por lo que
había dicho.

Un día muy TRISTE

Los soldados llevaron a Jesús para ver a Pilato, el gobernador romano.

Pilato dijo:
«Este hombre no ha hecho nada malo».

Pero la gente gritaba:

«¡Clávenlo en una cruz!
¡Clávenlo en una cruz!».
«¡Clávenlo en una cruz!
¡Clávenlo en una cruz!».

Después los soldados
se llevaron a **Jesús**.

Ellos lo clavaron en una cruz de madera y
lo dejaron allí para que muriera.

La familia y los amigos de **Jesús**
estaban muy tristes.
Acababan de perder a alguien muy
especial y amado.

Después, ellos rodaron una enorme piedra para cerrar la entrada.

¡JESÚS VIVE!

El domingo temprano, dos mujeres fueron a la cueva...

Dos ángeles estaban dentro de la cueva.

«¡No tengan miedo!, les dijeron los ángeles. «¡Jesús no está aquí! ¡Díganle a los demás que Jesús está vivo!».

DOS HOMBRES

ven a Jesús

Ese mismo día, dos amigos de **Jesús** salieron de
Jerusalén hacia un pueblo llamado Emaús.
Ellos estaban muy tristes.

* Mientras conversaban acerca de Jesús,
otro hombre empezó a caminar con ellos.

Cuando los dos hombres llegaron a Emaús,
invitaron a cenar al desconocido.

Entonces, **Jesús** tomó el pan y le dio gracias a Dios. Al instante, ¡los hombres supieron que el desconocido era **Jesús**!

¡Él estaba vivo de verdad!

¡Los hombres se pusieron muy contentos!

Así que corrieron de regreso a Jerusalén para contárselo a sus amigos.

DESAYUNO
a la orilla del mar

Una noche, Pedro le dijo a sus amigos:
«Voy a pescar». Y ellos dijeron:
«Nos vamos contigo».

¡Pero no pescaron nada!

Al amanecer, vieron a Jesús
esperando en la orilla.
Él había encendido un fuego.

Entonces, Jesús les dijo: «¡Vengan a desayunar!».
Jesús les dio pan y pescado a sus discípulos junto al mar.
¡Él estaba vivo!

De regreso al HOGAR

Un día en que estaban todos juntos, Jesús dejó a sus amigos. Él regresó a su hogar con el Padre en el cielo.

Pero ahora los discípulos sabían muy bien
que **Jesús** vive para siempre.

Mucho más que ORO Y PLATA

Un día, como a las tres de la tarde, Pedro y Juan fueron al templo a orar.

Un hombre estaba sentado fuera del templo.
Él no podía caminar.
«Por favor, denme algunas monedas», les dijo.

«Míranos», le dijo Pedro.
«**No tengo oro ni plata,** pero te daré algo mejor.
En el nombre de **Jesús,** levántate y camina».

El hombre se paró. ¡Ya podía caminar!

PEDRO
escapa de la cárcel

Pedro comenzó a decirle a la gente en Jerusalén: «¡Jesús está vivo!».

Pero esto no les gustaba a los enemigos de **Jesús**.

Así que metieron a **Pedro** en la cárcel.

Esa noche, mientras **Pedro** dormía en la cárcel,
se le apareció un ángel y lo despertó.
El ángel lo llevó fuera de la prisión.

Pedro llegó a la entrada de la casa donde sus amigos oraban por él y tocó a la puerta.

Rode, la muchacha que respondió,
¡se alegró tanto por ver a Pedro que olvidó abrir la puerta!

FELIPE
y el africano

Un hombre salió de Jerusalén en su carro para ir hacia su casa en un país de África.

Él iba leyendo la Biblia.
¡Pero no entendía lo que leía!

Después, él se encontró con Felipe, uno de los discípulos de **Jesús**. Felipe le enseñó el significado.

¡Ahora entendía lo que decía la Biblia!

Al final, el hombre le dijo a Felipe:
«Yo quiero ser amigo de **Jesús**».

SAULO
encuentra a Jesús

Saulo odiaba a **Jesús** y quería que murieran
todos los amigos de **Él**.

Por eso, pidió un permiso especial para ir a la
ciudad de Damasco y llevar para la cárcel
a los amigos de **Jesús** que vivían allí.

Jerusalén

Damasco

En el camino, una luz del cielo brilló a su alrededor. Y Saulo cayó al suelo. Después escuchó una voz: **«Saulo, ¿por qué me haces daño?»**.

Y él dijo: «¿Quién eres, Señor». La voz le dijo: «¡Yo soy Jesús! Tú me haces daño cuando le haces mal a mis amigos».

Muy pronto, Saulo se hizo amigo de **Jesús** también.
¡Él cambió por completo!

¡Hasta **el Señor** le cambió su nombre de Saulo a

PABLO!

Un trabajo ESPECIAL

Jerusalén

Siria

Chipre

Ahora Pablo quería que otras personas conocieran a **Jesús**.
Su buen amigo de viaje se llamaba **Bernabé**.

Ellos visitaban juntos muchos lugares.
En todas partes le anunciaban a la gente el
gran mensaje de Dios.

¡Su trabajo era muy especial!

PABLO

y Silas en la cárcel

Troas
Berea
Éfeso
Corinto

Más tarde, Pablo tuvo otro compañero
de viajes. Su nombre era **Silas**.

En una ciudad, a Pablo y Silas los metieron en la cárcel. ¡Allí los vigilaban bien!

Los soldados hicieron esto porque ellos le hablaban a la gente de **Jesús**.

De repente, un fuerte terremoto rompió
las paredes de la cárcel.

En ese mismo instante,
las puertas de la cárcel se
abrieron y las cadenas
de los presos se soltaron.

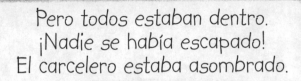

Pero todos estaban dentro.
¡Nadie se había escapado!
El carcelero estaba asombrado.

Él les preguntó a Pablo y Silas:
«¿Qué puedo hacer para seguir a **Jesús**?».
«Cree en Jesús y te salvarás».

Al día siguiente, el carcelero los dejó libres.
Ahora ellos podían hablarle de nuevo
a la gente de **Jesús**.

PABLO

viaja a Jerusalén

Pablo regresó a Jerusalén. La gente mala agarró a Pablo para matarlo por ser amigo de **Jesús**. Pero los soldados se llevaron a Pablo y lo metieron en la cárcel.

Después, a Pablo lo llevaron ante el rey. «Siempre le hablo a la gente de **Jesús**», le dijo.

«Además, mi mensaje es que Jesús está vivo y salva a todo el que quiere ser su amigo».

LA TORMENTA

en alta mar

Poco después, los soldados se llevan a Pablo en un barco para hacer un largo viaje hasta la ciudad de Roma.

De pronto, comenzó a soplar un viento
muy fuerte. ¡Era una gran tormenta!
¡Hasta el barco estaba en peligro!

Pero un ángel le dijo a Pablo:
«No tengas miedo. Nadie se hará daño».

Los vientos soplaban con mucha fuerza. Las olas eran cada vez más altas. Al final, el barco se hundió.

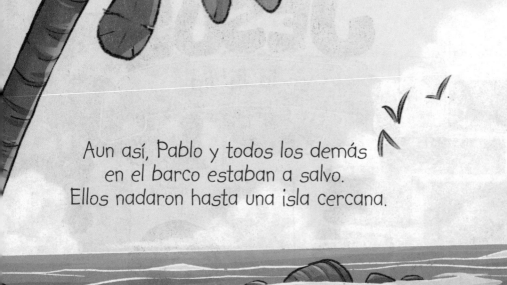

Aun así, Pablo y todos los demás
en el barco estaban a salvo.
Ellos nadaron hasta una isla cercana.

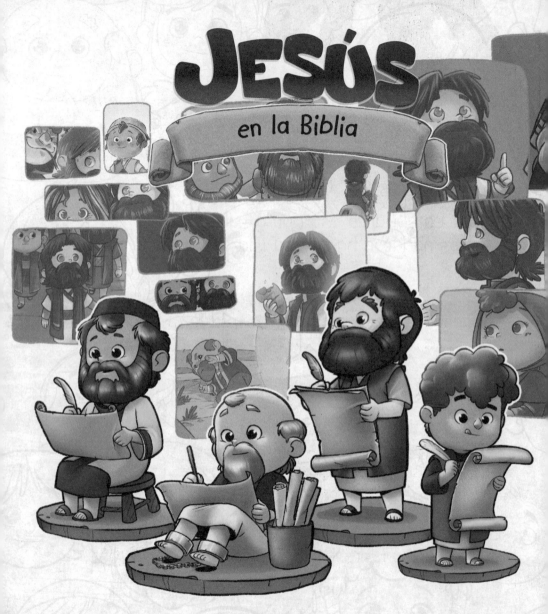

JESÚS
en la Biblia

Pablo, Pedro y algunos otros amigos de **Jesús** escribieron todo lo que sabían de Él.

Por eso ahora nosotros podemos leer esas historias en nuestra Biblia.

Podemos leer las historias de Jesús y todo lo que hizo cuando Él vivió en la tierra. También podemos leer cómo Él murió en la cruz y resucitó.

Sobre todo,

¡SABEMOS QUE ÉL VIVE PARA SIEMPRE!